PANEGYRIQUE

DE

LOUIS XV.

PANEGYRIQUE

DE

LOUIS XV.

M. DCC. XLVIII.

LUDOVICO

DECIMO-QUINTO,

DE

HUMANO GENERE

BENE MERITO.

UNE voix foible & inconnuë s'élève; mais elle sera l'interpréte de tous les cœurs. Si elle ne l'est pas, elle est téméraire; si elle flate, elle est coupable; car c'est outrager le Thrône & la Patrie, que de louer son Prince des vertus qu'il n'a pas.

On ſçait aſſez que ceux qui ſont à la tête des Peuples, ſont jugés par le Public avec autant de ſévérité qu'ils ſont loués en face avec baſſeſſe; que tout Prince a pour Juges les cœurs de ſes Sujets; qu'il ne tient qu'à lui de ſçavoir ſon arrêt, & de ſe connoître ainſi lui-même. Il n'a qu'à conſulter la voix publique, & ſur tout celle du petit nombre de juges, qui en tout genre entraîne à la longue l'opinion du grand nombre, & qui ſeule ſe fait entendre à la poſtérité.

La Réputation eſt la récompenſe des Rois; la Fortune leur a donné tout le reſte; mais cette

Réputation est différente comme leurs caractères ; plus éclatante chez les uns, plus solide chez les autres ; souvent accompagnée d'une admiration mêlée de crainte, quelquefois appuyée sur l'amour ; ici plus prompte, ailleurs plus tardive ; rarement pure & universelle.

LOUIS XII. malheureux dans la Guerre & dans la Politique, vit les cœurs du Peuple se tourner vers lui, & fut consolé.

FRANÇOIS I. par sa valeur, par sa magnificence, & par la protection des Arts qui l'immortalise, resaisit la gloire qu'un Rival trop puissant lui avoit enlevée.

HENRI IV. ce brave Guerrier, ce bon Prince, ce grand Homme si au-dessus de son siécle, ne fut bien connu de tout le monde qu'après sa mort; & c'est ce que lui-même avoit prédit.

LOUIS XIV. frappa tous les yeux, pendant quarante ans, de l'éclat de sa prospérité, de sa grandeur & de sa gloire, & fit parler en sa faveur toutes les bouches de la Renommée.

Nos acclamations ont donné à LOUIS XV. un titre qui doit rassembler en lui bien d'autres titres; car il n'en est pas d'un Souverain comme d'un Particulier: on peut aimer un Citoyen médiocre ; une Nation n'aimera pas long-temps un Prince qui ne ſera pas un grand Prince.

CE temps ſera toujours préſent à la mémoire, où il commença à gouverner & à combattre ; ce temps, où les fatigues réunies du Cabinet & de la Guerre, le mirent au bord du Tombeau. On ſe ſouvient de ces cris de douleur & de tendreſſe, de cette déſolation, de ces larmes de toute la FRANCE ; de cette foule conſternée, qui ſe précipitant dans les Temples, interrompoit, par ſes ſanglots, les Prières publiques ; tandis que le Prêtre pleuroit en les prononçant, & pouvoit les achever à peine.

AU bruit de ſa Convaleſcence, avec quel tranſport nous paſſâmes de l'excès du deſeſpoir à l'yvreſſe de la joie ? Jamais les Couriers qui ont apporté les Nouvelles des plus grandes Victoires, ont-ils été reçus comme celui qui vint nous dire : *Il eſt hors de danger ?* Les témoignages de cet amour venoient de tous côtés au Monarque : ceux qui l'entouroient, lui en parloient avec des larmes de joie ; il ſe ſouleva ſoudain, par un effort, dans ce lit de douleur où il languiſſoit encore : *Qu'ai-je donc fait*, s'écria-t-il, *pour être ainſi aimé ?* Ce fut l'expreſſion naïve de ce caractère ſimple, qui n'ayant de faſte ni dans la vertu, ni dans la gloire, ſçavoit à peine que ſa grande ame fût connuë.

PUISQU'IL étoit ainſi aimé, il méritoit de l'être. On peut ſe tromper dans l'admiration; on peut trop ſe hâter d'élever des Monumens de gloire; on peut prendre de la fortune pour du mérite: mais, quand un Peuple entier aime éperdument, peut-il errer? Le cœur du Prince ſentit ce que vouloit dire ce cri de la Nation: la crainte univerſelle de perdre un bon Roi, lui impoſoit la néceſſité d'être le meilleur des Rois. Après un triomphe ſi rare, il ne falloit pas une vertu commune.

C'EST à la Nation à dire s'il a été fidéle à cet engagement, que son cœur prenoit avec les nôtres : c'est à elle de se rendre compte de sa félicité.

IL se trouvoit engagé dans une Guerre malheureuse, que son Conseil avoit entreprise pour soûtenir un Allié, qui depuis s'est détaché de nous. Il avoit à combattre une Reine intrépide, qu'aucun péril n'avoit ébranlée, & qui soulevoit les Nations en faveur de sa cause. Elle avoit porté son fils dans ses bras à un Peuple toujours révolté contre ses

ſes pères, & en avoit fait un Peuple fidéle, qu'elle rempliſſoit de l'eſprit de ſa vengeance. Elle réuniſſoit dans elle les qualités des Empereurs ſes ayeux, & brûloit de cette émulation fatale qui anima, deux cens ans, ſa Maiſon Impériale contre la Maiſon la plus ancienne & la plus auguſte du monde.

A cette Fille des Céſars s'uniſſoit un Roi d'Angleterre, qui ſçavoit gouverner un Peuple qui ne ſçait point ſervir. Il menoit ce Peuple valeureux, comme un Cavalier habile pouſſe à toute bride un Courſier fougueux, dont il ne pourroit retenir l'impétuoſité.

Cette Nation, la Dominatrice de l'Océan, vouloit tenir, à main armée, la balance ſur la terre, afin qu'il n'y eût plus jamais d'équilibre ſur les Mers. Fière de l'avantage de pouvoir pénétrer vers nos Frontières par les Terres de nos Voiſins, tandis que nous pouvions entrer à peine dans ſon Iſle; fière de ſes Victoires paſſées, de ſes richeſſes préſentes, elle achetoit contre nous des Ennemis d'un bout de l'Europe à l'autre: elle paroiſſoit inépuiſable dans ſes reſſources, & irréconciliable dans ſa haine.

UN Monarque qui veille à la garde des barrières que la Nature éleva entre la France & l'Italie & qui ſemble, du haut des Alpes, pouvoir déterminer la fortune, ſe déclaroit contre nous, après avoir autrefois vaincu avec nous. On avoit à redouter en lui un Politique & un Guerrier ; un Prince qui ſçavoit bien choiſir ſes Miniſtres & ſes Généraux, & qui pouvoit ſe paſſer d'eux, grand Général lui-même & grand Miniſtre. L'Autriche ſe dépouilloit de ſes Terres en ſa faveur ; l'Angleterre lui prodiguoit ſes tréſors: tout concouroit à le mettre en état de nous nuire.

A tant d'Ennemis ſe joignoit cette République fondée ſur le

Commerce, ſur le Travail & ſur les Armes; cet Etat, qui toujours prêt d'être ſubmergé par la Mer, ſubſiſte en dépit d'elle, & la fait ſervir à ſa grandeur; République ſupérieure à celle de Carthage, parce qu'avec cent fois moins de Territoire, elle a eu les mêmes richeſſes. Ce Peuple haïſſoit ſes anciens Protecteurs, & ſervoit la Maiſon de ſes anciens Oppreſſeurs: ce Peuple, autrefois le rival & le vainqueur de l'Angleterre ſur les Mers, ſe jettoit dans les bras de ceux même qui ont affoibli ſon Commerce, & refuſoit l'alliance & la protection de ceux par qui ſon Commerce floriſſoit. Rien ne l'engageoit dans la querelle : il pouvoit même jouir de la gloire d'être Médiateur entre les Maiſons de France & d'Autriche, entre l'Eſpagne & l'Angleterre ; mais la défiance l'aveugla, & ſes propres erreurs l'ont perdu.

CE Peuple ne pouvoit pas croire qu'un Roi de France ne fût pas ambitieux. Le voilà donc qui rompt la Neutralité qu'il a promiſe ; le voilà qui, dans la crainte d'être opprimé un jour, oſe attaquer un Roi puiſſant, qui lui tendoit les bras. En vain LOUIS XV. leur répéte à tous : Je ne veux rien pour moi ; je ne demande que la juſtice pour mes

Alliés : je veux que le Commerce des Nations & le vôtre ſoit libre ; que la Fille de CHARLES VI. jouiſſe de l'héritage immenſe de ſes pères ; mais auſſi qu'elle n'envie point la Province de Parme à l'héritier légitime ; que Genes ne ſoit point opprimée ; qu'on ne lui raviſſe pas un Bien qui lui appartient, & dont elle ne peut jamais abuſer : ces propoſitions étoient ſi modérées, ſi équitables, ſi deſintéreſſées, ſi pures, qu'on ne put le croire. Cette vertu eſt trop rare chez les hommes ; & quand elle ſe montre, on la prend d'abord pour de la fauſſeté, ou pour de la foibleſſe.

IL fallut donc combattre, ſans que tant de Nations liguées ſçuſſent en effet pourquoi l'on combattoit. La cendre du dernier des Empereurs Autrichiens étoit arroſée du ſang des Nations ; & lorſque l'Allemagne elle-même étoit devenuë tranquille, lorſque la cauſe de tant de diviſions ne ſubſiſtoit plus, les cruels effets en duroient encore. En vain le Roi vouloit la Paix ; il ne pouvoit l'obtenir que par des Victoires.

DEJA les Villes qu'il avoit aſſiégées, s'étoient renduës à ſes Armes : il vole ſous les Remparts de Tournai, avec ſon Fils, ſon unique eſpérance & la nôtre. Il faut combattre contre une Armée ſupérieure, dont les Anglois faiſoient la principale force. C'eſt la Bataille la plus heureuſe & la plus grande par ſes ſuites, qu'on ait donnée depuis PHILIPPE-AUGUSTE : c'eſt la première, depuis SAINT LOUIS, qu'un Roi de France ait gagnée en perſonne contre cette Nation belliqueuſe & reſpectable, qui a toujours été l'Ennemie de notre Patrie, après en avoir été chaſſée. Mais cette Victoire ſi heureuſe, à quoi tenoit-elle ? C'eſt ce que lui dit ce grand Général à qui la France a des obligations éternelles. En Effet, l'Hiſtoire dépoſera

que,

que, ſans la préſence du Roi, la Bataille de Fontenoy étoit perduë. On ramenoit de tous côtés les Canons : tous les Corps avoient été repouſſés les uns après les autres : le Poſte important d'Antoin avoit commencé d'être évacué ; la Colomne Angloiſe s'avançoit à pas lents, toujours ferme, toujours inébranlable, coupant en deux notre Armée, faiſant de tous côtés un feu continu, qu'on ne pouvoit ni ralentir, ni ſoûtenir. Si le Roi eût cédé aux prières de tant de ſerviteurs, qui ne craignoient que pour ſes jours ; s'il n'eût demeuré ſur le Champ de Bataille ; s'il n'eût fait revenir ſes Canons diſperſés, qu'on retrouva avec tant de peine; auroit-on fait les efforts réunis qui décidèrent du ſort de cette Journée? Qui ne ſçait à quel excès la préſence du Maître enflamme notre Nation, & avec quelle ardeur on ſe diſpute l'honneur de mourir ou de vaincre à ſes yeux? Ce moment en fut un grand exemple. On propoſoit la Retraite; le Roi regardoit ſes Guerriers, & ils vainquirent.

On ne ſçait que trop quelles funeſtes horreurs ſuivent les Batailles; combien de Bleſſés reſtent confondus parmi les morts; combien de Soldats, élevant une voix expirante pour demander du ſecours, reçoivent le dernier coup de la main de leurs propres Compagnons, qui leur arrachent de miſérables dépouilles, couvertes de ſang & de fange; ceux même qui ſont ſecourus, le ſont ſouvent d'une manière ſi précipitée, ſi inattentive, ſi dure, que le ſecours même eſt funeſte; ils perdent la vie dans de nouveaux tourmens, en accuſant la mort de n'avoir pas été aſſez prompte : mais, après la Bataille de Fontenoy, on vit un Père qui avoit ſoin de la vie de ſes enfans, & tous les Bleſſés furent ſecourus comme s'ils l'avoient été par leurs frères. L'ordre, la prévoyance, l'attention, la propreté, l'abondance de ces Maiſons que la Charité éléve avec tant de frais, & qu'elle entretient dans le ſein de nos Villes tranquilles & opulentes, n'étoient pas au-deſſus de ce qu'on vit dans les Etabliſſemens préparés à la hâte pour ce jour de ſang. Les Ennemis priſonniers & bleſſés, devenoient nos compatriotes, nos frères. Jamais tant d'humanité ne ſuccéda ſi promptement à tant de valeur.

LES Anglois ſur tout en furent touchés; & cette Nation, la rivale de notre vertu guerrière, l'eſt devenuë de notre magnanimité.

Ainſi un Prince, un ſeul homme, peut, par ſon exemple, rendre meilleurs ſes Sujets & ſes Ennemis même : ainſi les barbaries de la Guerre ont été adoucies dans l'Europe, autant que le peut permettre la méchanceté humaine ; & ſi vous en exceptez ces Brigands étrangers à qui l'eſpoir ſeul du pillage met les armes à la main, on a vu, depuis le jour de Fontenoy, les Nations armées diſputer de généroſité.

Il eſt pardonnable à un Vainqueur de vouloir tirer avantage de ſa Victoire ; d'attendre au moins que le Vaincu demande la Paix, & de la lui faire acheter chérement, c'eſt la Maxime de la Politique ordinaire. Quel parti prendra le Vainqueur de Fontenoy ? Dès le jour même de la Bataille, il ordonne à ſon Secrétaire d'Etat d'écrire en Hollande qu'il ne demande que la pacification de l'Europe : il propoſe un Congrès : il proteſte qu'il ne veut pas rendre ſa condition meilleure ; il ſuffit que celle des Peuples le ſoit par lui. Le croira-t-on dans la poſtérité ? C'eſt le Vainqueur qui demande la Paix ; & c'eſt le Vaincu qui la refuſe. LOUIS XV. ne ſe rebute pas ; il faut au moins feindre de l'écouter. On envoie quelques

Plénipotentiaires ; mais ce n'eſt que par une formalité vaine ; on ſe défie de ſes offres : les Ennemis lui ſuppoſent de vaſtes projets, parce qu'ils oſoient en avoir encore. Toutes les Villes cependant tombent devant lui, devant les Princes de ſon Sang, devant tous les Généraux qui les aſſiégent. Des places qui avoient autrefois réſiſté trois années, ne tiennent que peu de jours. On triomphe à Mêlle, à Rocoux, à Laufelt : on trouve par-tout les Anglois qui ſe dévouënt, avec plus de courage que de politique, pour leurs Alliés ; & par-tout la valeur Françoiſe l'emporte ; ce n'eſt qu'un enchaînement de Victoires. Nous avons vû un temps où ces Feux, ces Illuminations, ces Monumens passagers de la gloire, devenus un Spectacle commun, n'attiroient plus l'empressement de la multitude rassasiée de succès.

QUELLE est la situation enfin où nous étions au commencement de cette dernière Campagne, après une Guerre si longue, & qui avoit été deux ans si malheureuse?

CE Général étranger, naturalisé par tant de Victoires, aussi habile que Turenne, & encore plus heureux, avoit fait de la Flandre entière une de nos Provinces.

DU

Du côté de l'Italie, où les obstacles sont beaucoup plus grands ; où la Nature oppose tant de barrières ; où les Batailles sont si rarement décisives, & cependant les ressources si difficiles, on se soutenoit du moins après une vicissitude continuelle de succès & de pertes. On étoit encore animé par la gloire de la journée des Barricades, par l'escalade de ces Rochers qui touchent aux nuës ; par ces fameux Passages du Pô.

Un Chef actif & prévoyant, qui conçoit les plus grands projets, & qui discute les plus petits détails ; ce Général, qui, après avoir sauvé l'Armée de Prague, par une retraite digne de *Xenophon*, & avoir délivré la Provence, diſputoit alors les Alpes aux Ennemis, & les tenoit en allarmes. Il les avoit chaſſés de Nice : il mettoit en ſureté nos Frontières. Un génie brillant, audacieux, dans qui tout reſpire la grandeur, la hauteur & les graces; cet homme qui ſeroit encore diſtingué dans l'Europe, quand même il n'auroit aucune occaſion de ſe ſignaler, ſoutenoit la liberté de Genes contre les Autrichiens, les Piémontois & les Anglois. Le Roi d'Eſpagne, inébranlable dans ſon Alliance, joignoit à nos Troupes ſes Troupes audacieuſes & fidelles, dont la valeur ne s'eſt jamais démentie. Le Royaume de Naples étoit en ſureté. LOUIS XV. veilloit à la fois ſur tous ſes Alliés, & contenoit ou accabloit tous ſes Ennemis.

ENFIN, par une ſuite de l'adminiſtration ſecrette qui donne la vie à ce grand Corps politique de la France, l'Etat n'étoit épuiſé ni par les tréſors engloutis dans la Bohême & dans la Bavière; ni par les libéralités prodiguées à un Empereur que le Roi avoit protégé; ni par ces dépenſes immenſes qu'exigeoient nos nombreuſes Armées. L'Autriche & la Savoye, au contraire, ne ſe ſoutenoient que par les Subſides de l'Angleterre ; & l'Angleterre commençoit à ſuccomber ſous le fardeau ; ſon ſang & ſes tréſors ſe perdoient pour des intérêts qui n'étoient pas les ſiens : la Hollande ſe ruinoit & s'enchaînoit par opiniâtreté : des craintes imaginaires lui faiſoient éprouver des malheurs réels ; & nous victorieux & tranquilles, nous regardions de loin, dans le ſein de l'abondance, tous les fléaux de la Guerre portés loin de nos Provinces.

Nous avons payé avec zéle tous les Impôts, quelque grands qu'ils fuſſent ; parce que nous avons ſenti qu'ils étoient néceſſaires ; & établis avec une ſage proportion. Auſſi (ce qui peut-être n'étoit jamais arrivé depuis pluſieurs ſiécles) aucun Miniſtre des Finances n'a excité le moindre murmure, aucun Financier n'a été odieux; & quand, ſur quelques difficultés, le Parlement a fait des Remontrances à ſon Maître, on a cru voir un Père de famille qui conſulte, ſur les intérêts de ſes enfans, les Interprétes des Loix.

Il s'eſt trouvé un homme qui a ſoutenu le crédit de la Nation par le ſien; crédit fondé à la fois ſur l'induſtrie & ſur la probité, qui ſe perd ſi aiſément, & qui ne ſe rétablit plus quand il eſt détruit.

C'étoit un des prodiges de notre ſiécle ; & ce prodige ne nous frappoit pas peut-être aſſez: nous y étions accoûtumés, comme aux vertus de notre Monarque. Nos Camps devant tant de Places aſſiégées, ont été ſemblables à des Villes policées, où régnent l'ordre, l'affluence & la richeſſe. Ceux qui ont ainſi fait ſubſiſter nos Armées, étoient des hommes dignes de ſeconder ceux qui nous ont fait vaincre.

VOUS pardonnez, Héros équitable, Héros modeſte, vous pardonnez ſans doute, ſi on oſe mêler l'éloge de vos Sujets à celui du Père de la Patrie? Vous les avez choisis. Quand tous les ressorts d'un Etat se déploient d'un concert unanime, la main qui les dirige, est celle d'un grand homme: peut-être cesseroit-il de l'être s'il voyoit d'un œil chagrin & jaloux, la justice qui leur est renduë.

GRACE à cette administration unique, le Roi n'a jamais éprouvé cette douleur, si cruelle pour un bon Prince, de ne pouvoir récompenser ceux qui ont prodigué leur sang pour l'Etat.

JAMAIS, dans le cours de cette longue Guerre, le Ministre n'a ignoré, ni laissé ignorer au Prince, aucune belle action du moindre

Officier, & toutes nombreuſes, toutes communes qu'elles ſont devenuës, jamais la récompenſe ne s'eſt fait attendre. Mais quel pouvoir chez les hommes eſt aſſez grand pour mettre un prix à la vie ? Il n'en eſt point ; & ſi le cœur du Maître n'eſt pas ſenſible, on n'eſt mort que pour un ingrat.

CITOYENS heureux de la Capitale, pluſieurs d'entre vous verront, dans leurs Voyages, ces Terreins que LOUIS XV. a rendus ſi célébres, ces Plaines ſanglantes que vous ne connoiſſez encore que par les Réjouiſſances paiſibles qui ont célébré des Victoires ſi chérement achetées; quand

quand vous aurez reconnu la place où tant de Héros ſont morts pour vous, verſez des larmes ſur leurs Tombeaux: imitez votre Roi qui les regrette.

UN de nos Princes écrivoit au Roi, de la cime des Alpes, qui étoient ſes Champs de victoire: *Le Colonel de mon Régiment a été tué: vous connoiſſez trop, Sire, tout le prix de l'amitié, pour n'être pas touché de ma douleur.* Qu'une telle Lettre eſt honorable, & pour qui l'écrit, & pour qui la reçoit! O hommes, apprenez d'un Prince & d'un Roi, ce que vaut le ſang des hommes!

PUISSENT ceux qui croient

que, dans les Cours, l'intrigue ou le hazard diſtribue toujours les récompenſes, lire quelques-unes de ces Lettres que le Monarque écrivoit après ſes Victoires. *J'ai perdu*, dit-il dans un de ces Billets où le cœur parle, & où le Héros ſe peint, *j'ai perdu un honnête-homme & un brave Officier, que j'eſtimois, & que j'aimois. Je ſçais qu'il a un frère dans l'Etat Eccléſiaſtique; donnez-lui le premier Bénéfice, s'il en eſt digne, comme je le crois.*

PEUPLES, c'eſt ainſi que vous êtes gouvernés. Songez quelle eſt votre gloire au-dehors, votre tranquillité au-dedans :

voyez les Arts protégés au milieu de la Guerre : comparez tous les temps ; comptez-les depuis CHARLEMAGNE ; quel Siécle trouverez-vous comparable à notre Age ? Celui du Régne trop court de l'immortel HENRI IV. depuis la Paix de Vervins ; & encore quel affreux levain restoit des discordes de quatre Régnes ? Les belles & triomphantes années de LOUIS XIV. mais quels malheurs les ont suivi ? & puisse notre bonheur être plus durable ! Enfin vous trouverez soixante ans peut-être de grandeur & de félicité répanduës dans plus de neuf Siécles ; tant le bonheur public eſt rare; tant le chemin eſt lent, qui mène en tout genre à la perfection; tant il eſt difficile de gouverner les hommes, & de les ſatisfaire.

ON s'eſt plaint (car la vérité ne diſſimule rien, & nous ſommes aſſez grands pour avouer ce qui nous manque) on s'eſt plaint qu'un ſeul reſſort ſe ſoit rencontré foible dans cette vaſte & puiſſante machine ſi habilement conduite. LOUIS XV. en prenant à la fois le timon de l'Etat & l'Epée, ne trouva point dans ſes Ports, de ces Flotes nombreuſes, de ces grands Etabliſſemens de Marine, qui ſont l'ouvrage du temps. Un effort précipité ne peut en ce genre suppléer à ce qui demande tant de prévoyance & une si longue application. Il n'en est pas de nos Forces maritimes comme de ces Triremes que les Romains apprirent si rapidement à construire & à gouverner. Un seul Vaisseau de guerre est un objet plus grand que les Flotes qui décidèrent auprès d'Actium de l'Empire du monde. Tout ce qu'on a pû faire, on l'a fait : nous avons même armé plus de Vaisseaux que n'en avoit la Hollande, qu'on appelle encore *Puissance maritime*; mais il n'étoit pas possible d'égaler en peu d'années l'Angleterre, qui étant ſi peu de choſe par elle-même ſans l'Empire de la Mer, regarde, depuis ſi long-temps, cet Empire comme le ſeul fondement de ſa puiſſance, & comme l'eſſence de ſon Gouvernement. Les hommes réuſſiſſent toujours dans ce qui leur eſt abſolument néceſſaire; & ce qui eſt néceſſaire à un Etat, eſt toujours ce qui en fait la force. Ainſi la Hollande a ſes Navires marchands, la Grande-Bretagne, ſes Armées navales; la France, ſes Armées de terre.

Le Miniſtre qui prêtoit la main aux rênes du Gouvernement dans le commencement de la Guerre, étoit dans cette extrême vieilleſſe où il ne reſte plus que deux objets, le moment qui fuit, & l'Eternité. Il avoit ſçû long-temps retenir comme enchaînées ces Flotes de nos Voiſins toujours prêtes à courir les Mers, & à s'élancer contre nous. Ses Négociations lui avoient acquis le droit d'eſpérer que ſes yeux, prêts à ſe fermer, ne verroient plus la Guerre; mais Dieu, qui prolonge & retranche à ſon gré nos années, frapa CHARLES VI. avant lui; & cette mort imprévuë, comme le ſont preſque tous les événemens, fut le ſignal de plus de deux cens mille morts. Enfin la ſageſſe de ce

Vieillard respectable, ses services, sa douceur, son égalité, son desintéressement personnel méritoient nos éloges, & son âge nos excuses. S'il avoit pû lire dans l'avenir, il auroit ajouté, à la puissance de l'Etat, ce rempart de Vaisseaux, cette Force qui peut se porter à la fois dans les deux Hémisphères: & que n'auroit-on point exécuté? Le Héros, aussi admirable qu'infortuné, qui aborda seul dans son ancienne Patrie, qui seul y a formé une Armée, qui a gagné tant de Combats, qui ne s'est affoibli qu'à force de vaincre, auroit recueilli le fruit de son audace plus qu'humaine; & ce Prince,

Prince, ſupérieur à Guſtave Vaſa, ayant commencé comme lui, auroit fini de même.

MAIS enfin, quoique ces grandes reſſources nous manquaſſent, notre gloire s'eſt conſervée ſur les Mers. Tous nos Officiers de Marine, combattant avec des Forces inférieures, ont fait voir qu'ils euſſent vaincu, s'ils en avoient eu d'égales. Notre Commerce a ſouffert, & n'a jamais été interrompu : nos grands Etabliſſemens ont ſubſiſté ; nous avons renverſé ceux de nos Ennemis aux extrémités de l'Orient. Nous étions par-tout à craindre, & tout tomboit devant nous en Flandre.

DANS ces circonſtances heureuſes on vole de la Victoire de Laufelt aux Baſtions de Berg-op-zoom. On ſçavoit que les *Requeſens*, les *Parme*, les *Spinola*, ces Héros de leur Siécle, en avoient tour-à-tour levé le Siége. LOUIS XIV. lui-même, dont l'Armée victorieuſe ſe répandit comme un torrent dans quatre Provinces de la Hollande, ne voulut pas ſe commettre à l'aſſiéger. *Cohorn*, le *Vauban* Hollandois, en avoit fait depuis la Place de l'Europe la plus forte. La Mer & une Armée entière la défendoient: LOUIS XV. en ordonne le Siége, & nous la prenons d'aſſaut.

Le Guerrier qui avoit forcé Osakow dans la Tartarie, déploie ainsi sur cette frontière de la Hollande, de nouveaux secrets de l'Art de la Guerre ; secrets au-dessus des régles de l'Art. A cette nouvelle Conquête, qui répandit tant de consternation chez les Ennemis, & qui étonna tant les Vainqueurs, l'Europe pense que LOUIS XV. cessera d'être si facile ; qu'il fera éclater enfin cette ambition cachée qu'on redoute, & qu'on justifie en la supposant toujours. Il le faut avouer, les Ennemis ont fait ce qu'ils ont pû pour la lui inspirer. Ils sont heureux : ils n'ont pas réussi.

Il arbore le même Olivier ſur ces Murs écraſés & fumans de ſang : il ne propoſe rien de plus que ce qu'il offroit dans ſes premières proſpérités.

CET excès de vertu ne perſuade pas encore ; il étoit trop peu vraiſemblable : on ne veut point recevoir la Loi de celui qui peut l'impoſer : on tremble, & on s'aigrit : le Vaincu eſt auſſi obſtiné dans ſa haine, que le Vainqueur eſt conſtant dans ſa clémence. Qui auroit jamais cru que cette opiniâtreté eût pû ſe porter juſqu'à chercher des Troupes auxiliaires dans ces Climats glacés, qui n'aguères n'étoient connus que de nom? Qui eût pensé que ces Habitans des bords du Volga & de la Mer Caspienne, dussent être appellés aux bords de la Meuse? Ils viennent cependant; & cent mille hommes qui couvrent Maestrich, les attendent pour renouveller toutes les horreurs de la Guerre. Mais, tandis que les Soldats hyperboréens font cette marche si longue & si pénible, le Général chargé du Destin de la France, confond en une seule marche tant de projets. Par quel art a-t-il pû faire passer son Armée à travers l'Armée ennemie? Comment Maestrich est-il tout d'un coup assiégé en leur présence?

Par quelle intelligence ſublime les a-t-il diſperſés ? Maeſtrich eſt aux abois ; on tremble dans Nimegue ; les Généraux ennemis ſe reprochent les uns aux autres ce coup fatal, qu'aucun d'eux n'a prévû ; toutes les reſſources leur manquent à la fois ; il ne leur reſte plus qu'à demander cette même Paix, qu'ils ont tant rejetté. Quelles conditions nous impoſerez-vous, diſent-ils ? Les mêmes, répond le Roi victorieux, que je vous ai préſentées depuis quatre années, & que vous auriez acceptées ſi vous m'aviez connu. Il en ſigne les Préliminaires : le voile qui couvroit tous les yeux, tombe alors ; & les plus ſages de nos Ennemis s'écrient : Le Père de la France eſt donc le Père de l'Europe !

LES Anglois ſur-tout, chez qui la raiſon a toujours quelque choſe de ſupérieur, quand elle eſt tranquille, rendent comme nous juſtice à la vertu : eux qui s'irritèrent ſi long-temps contre la gloire de LOUIS XIV. chériſſent celle de LOUIS XV.

CE grand ouvrage de la Paix n'eſt pas encore fini ; mais la Terre doit des remercimens à qui l'a commencé ; & malheur à la main cruelle qui renverſeroit l'édifice de la félicité publique,

que LOUIS XV. élève de ſes mains triomphantes!

Il y a toujours des hommes qui contrediſent la voix publique. Des Politiques ont demandé pourquoi ce Vainqueur ſe contente de la juſtice qu'il fait rendre à ſes Alliés; pourquoi il s'en tient à faire le bonheur des hommes: il pouvoit d'un mot gagner pluſieurs Villes. Oui, il le pouvoit, ſans doute: mais lequel vaut le mieux pour un Roi de France, & pour nous, de retenir quelques foibles Conquêtes, inutiles à ſa grandeur, en laiſſant dans le cœur de ſes Ennemis des ſemences éternelles de diſcorde & de haine; ou ou bien de ſe contenter du plus beau Royaume de l'Europe, en conquérant des cœurs qui ſembloient pour jamais aliénés, en fermant ces anciennes plaies que la jolouſie faiſoit ſaigner, en devenant l'arbitre des Nations ſi long-temps conjurées contre nous? Quel Roi a fait jamais une Paix plus utile? Il faut enfin rendre gloire à la vérité. LOUIS XV. apprend aux hommes que la plus grande politique eſt d'être vertueux. Que nous reſte-t-il à ſouhaiter deſormais, ſinon qu'il ſe reſſemble toujours à lui-même, & que les Rois à venir lui reſſemblent.

FIN.

www.ingramcontent.com/pod-product-compliance
Ingram Content Group UK Ltd.
Pitfield, Milton Keynes, MK11 3LW, UK
UKHW032004260826
14628UKWH00005B/2275

9 782019 710224